JN418193

별 좋은 날

별 좋은 날

글쓴이 / 심재숙
펴낸이 / 孫貞順
펴낸곳 / 모아드림

1판 1쇄 / 2007년 12월 20일

서울 서대문구 북아현3동 1-1278
전화 / 365-8111~2
팩시밀리 / 365-8110
E-mail / morebook@morebook.co.kr
http://www.morebook.co.kr
등록번호 / 제2-2264호(1996.10.24)

ISBN 978-89-5664-112-6

* 이 시집은 충청북도 문화예술진흥기금을 일부 지원받아 출판하였습니다.

값 6,000원

모아드림 기획시선 109

별 좋은 날

심재숙 시집

모아드림

■ 시인의 말

빛 속에 서성거리다가
어둠 속에 갇히는 일

빛에 깔깔거리다가
어둠에 잦아드는 일

유난히
별이 좋던 날

언어로 찍은 사진을
몇 점 내건다.

장독대로
텅 빈 가지 위로
계절이 지난다.

2007년 겨울
연못 있는 마을에서
심재숙

차 례

제2부

제3부

제4부

■ 해설

제1부

봄 1

냉장고에 갇힌
계란 두 줄
날마다 구구거리며
문을 두드려 대더니
내가 문을 여는 사이
그만
밖으로 나오고 말았다

온 집안을 헤집고 다녀
하루 종일 나를 서성이게 하더니
이제는
햇빛 드는 베란다를 기웃거린다

문을 여니
화초에 매달린
병아리 떼

입을 쫑긋거린다

봄 2

사립문 밖
돌담에 꽂아 둔 부고訃告 한 장
안절부절 심란한
어머니의 주문 섞인 노래

우수雨水 추위는 우습게 한다더니
며칠 간격으로
함박눈이 내린다

나는
눈이 내려 돌담이 덮이길 바라지만
금세 사라지는 봄눈

차라리
세찬 바람이라도 불어
봄눈 속에 날려 버리고 싶은 비보悲報와
어머니의 한숨 섞인 노래

어머니에게
꽃으로만 기억할 수 있는
봄이었으면

봄눈 속에 갇혀도
열리는 살구 꽃눈

풍선껌 씹는 여자

육거리 재래시장 골목 언저리
햇볕 잘 드는 곳에 자리를 잡은 그녀
오늘도 허공을 바라보고 섰다
연신 혀를 말아 돌리며 빛을 받아먹는다
한참을 씹어 삼키고 다시 혀를 돌릴 적마다
입 속에 허연 부레가 보인다
등에 업힌 아가는
엄마 어깨에 코를 문질러 대며 칭얼거린다
눈물이 길을 낸 얼굴에는 버짐마저 피고
새까맣게 때 낀 손가락으로
호떡 장수 있는 쪽을 가리켜 댄다
찬바람 드나드는 헐거운 그녀의 신발 속 발은 흙빛 진주
헝클어진 머리 위에는
제각각 꽂힌 머리핀도 빛을 받아먹는다
그녀는 시장을 돌아 나가는 사람들을 보지 않는다
주머니 사정에 따라
발걸음이 무거운 사람도
발걸음이 가벼운 사람도

굳이 따로 가려내 선을 긋지 않는다
그저 허공을 바라보며 혀를 말아
호떡만한 풍선을 부풀렸다간 삼켜 버린다
그럴 적마다 맑은 웃음이 얼굴 위로 지나간다
그녀는 배가 부르도록 빛을 받아먹으며
허공을 헤엄쳐 다닌다
우주를 만든다.

조팝꽃

어지러웠다
벌써 며칠짼지도 모른다

야트막한 동산
소나무 숲 사이
남향으로 엎드린 무덤을
그 노인은
쉬지 않고, 탑돌이 하듯 돌고 있다

바람에
허연 머리카락이 날리고
때로는
구부정한 허리를 기우뚱거리며
빠져나온 허리춤의 옷을 끌어올리기도 했다

비가 내리고
개구리가 울던 날 저녁
그 노인은
비를 피해, 어디론가 사라지고 없었다.

배꽃 그늘에 누워

송홧가루 빛 꽃다지 위로
배꽃이 진다
나도 따라 눕는다

꽃 속에
유년의 뜰이 보이고
마당에 모여선 동네 사람들이 보이고
연기가 피어오른다

바람에 묻어
요령 소리가 살아나고
만장의 펄럭거리는 소리가 살아나고
흐느끼는 곡소리도 살아난다

멀게 들리는 할머니의 쉰 목소리
점점 희미해지는 할머니의 손사랫짓
허공을 더듬던 나는
고무줄처럼 튕겨져 일어선다

배꽃 그늘이
언덕을 내려가고 있다
떠나가신 할머니처럼

연못 있는 마을

엉버틈하게 버티고 선 마을
큰길에서 그리 멀지 않은 곳
문을 닫아 건
연못 하나 있습니다

게으른 풀잎은 졸고
땀을 흘리는 가옥 몇 채
연못 속으로 마실 나오는 한낮
목마른 산들이 입술을 축이고
하늘은 온몸을 담급니다
개망초 꽃으로 핀 은하수
발밤발밤 연못가를 맴돕니다

어둠이 울타리를 가르고
불빛이 기웃거리면
떠난 사람들이 연못 속에서 걸어 나오고
우렁이 한 마리 저만큼
서녘 하늘에

초승달로 기어오릅니다

개 짖는 소리 사라진 마을
밤새가 주인 되고
밤의 노동으로 분주한
쥐와 고양이가
지워진 길을 찾아냅니다

우렁이 껍데기 같은 빈 집만 늘어 갑니다.

저녁 길을 걸으며

바지 주머니에 손을 찔러 넣는다
손톱 밑으로 잡히는 긴 실밥 하나
어렴풋이 길이 보인다
주저할 것 없는 나
길을 따라 나선다
개밥바라기별, 어머니처럼 입을 다문 채
눈을 깜박거린다

포장된 길 위로
귀뚜라미 기어 나오면
어둠도 따라 나온다
희미한 가로등 불빛에
풀벌레 소리,
귀가를 서두르는 경운기 소리,
어느 집 토담 넘는
소죽 냄새와 두런두런 누군가의 목소리
아버지 신음 소리 들리듯
끊어졌다간 다시 이어진다

들녘을 지나는 동안
벼 익는 냄새에
흠씬 몸을 적신
농가의 노인을 닮은 어둠이
길 위에 넘어졌다간 일어선다
저만큼
노을이 비껴 서고
지워진 길 위로
그리움만큼 별이 뜬다.

은사시나무

사월 한낮
뒷동산에 머문 봄빛 손거울처럼 맑다
속이 훤하게 들여다보이는 숲,
선을 그으며 날아오르는 새들의 날갯짓
어머니의 버거운 펌프질 소리 들린다
낙엽송 끄트머리엔 벌써 물이 오르고 있다

체기로 얼음장이 된 손과 발,
핏기 가신 얼굴로
양지쪽에 나와 선 어머니
은사시나무는 어머니를 닮아 있다

속살을 드러낸 은사시나무
힘줄 되어 솟구쳐 올라간 나뭇가지
헝클어진 어머니 머리카락은
힘겹게 주저앉는다

나무 아래

낮게 엎드린 진달래꽃
어느새
산을 내려오고 있다
내 어머니가 아끼던
꽃양산처럼 곱다

은사시나무
우듬지에 걸린 하늘은…

봄눈

누군가 마당에 빨래를 잔뜩 내걸고
외출을 한 아침
주인도 없는 집을 서성대는
백발의 노인

겨울의 흔적들이 버짐처럼 번져 나가고
허기진 햇살이 성급하게 주워 삼킨다
막다른 골목을 돌아 나온 겨울의 목소리가
잔~뜩 쉬어 있다

겨울의 메아리가 넘나드는
시끌벅적한 동구 밖
꿈을 실은 춘풍에
하이얀 딸기 꽃잎이
바람에 날리고 있다.

나무 우는 사월

좁다랗게 뒤틀린 길
더듬거리며 오르는 운구차

도랑에는 목쉰 개구리 울음
갈라진 길 끝, 과수원
폐비닐 휘휘 감아
상복 걸쳐 입고
만장 소리로 우는 사과나무
마른버짐 피듯 희뿌연 산에는
조등을 내다 거는 산벚나무

운구차에서 내려
과수원 내려다보고 앉은
밭둑 휘듯 등이 굽은 할머니
영정 사진 속에서 웃고 있다

곡哭소리에
매염제 뿌리던 봄바람

잠시 멎고

영전靈前에

후두두둑 꽃잎 내려앉는다.

용수 지르다

소란스럽고 복잡한
도심 한복판
식당 골목 어귀 허름한 술집 처마 밑
거꾸로 매달린 용수
희미한 전구 하나 가두고 있다

끊임없이
빛은 새어 나가고
사람들은 안으로 안으로만 들어간다

술에 취한 사람들
부푼 목소리
거리로 새어나올 때면
용수 지르듯
신문에서 본 기사
텔레비전 뉴스에서 나온 이야기
난도질 해댄다

보이지도 않는
밤하늘
별밭을 보며
가슴 한켠에
용수 박고
말간
내일을 떠낸다

헌책방

무심천 꽃다리 지나
오른편으로 있는 작은 동굴 하나
겹겹이 쌓인 세월들이 흐느적거린다
낭창거리는 날개
땅바닥에 끌며 뒤뚱거리는 익룡
도로변 가로수 밑까지 나와
지나가는 자동차들을 향해 입을 벌린다

오늘도
비좁은 동굴의 출구를 찾아 들어간다
공명公明처럼 울리는 주인 목소리
내 마음 속을 들여다본다
쩌렁쩌렁 울리는 웃음소리는
아예, 내 몸 속에 길게 머문다
빤질빤질하고 삐딱하게 생겨 먹은
나무 의자를 권하는 주인은 벌써
찌그러진 주전자에 찻물을 올려놓았다

저마다 제목이 붙은
석순이 자란 동굴 안은
겨우 몸뚱이 하나만 드나들 수 있다
비만으로 배가 나오거나
허세로 몸을 불리고
겸손을 잃어버린 사람은 숫제
이 동굴의 존재조차 알지 못한다

나는 가끔씩 들어가 과거에게
저당 잡힌 시간을 찾아
동굴을 빠져나온다

새벽

툭!
새벽을 끌고 달려온 신문이
어제를 내팽개친다
금방 쪄낸 시루떡처럼
거실을 차지한 신문
하루를 두 쪽으로 쩌~억 갈라놓는다

테러,
교통사고,
힘겨루기 하는 정치,
추락한 경제,
부푸는 비자금,
자살한 일가족 이야기……
온통 화해가 실종된 기사들
편 가르듯
기자 이름 달고
신문의 한 공간을 차지한다

개구리 소리에
아카시 꽃 폈다 지고
안개 속에서
찔레꽃 주먹손으로 달려 나오는
오월 새벽

하얀 민들레

등 굽은 어머니와
마루에 마주앉아
상추쌈을 싼다

내려다보이는
마을, 굽은 흙길
깁스하듯
쭉 뻗은 허연 시멘트길 되어
편 가르듯
반듯해 서글프다

이젠 비가 와도
질퍽거리지 않아 매양 좋은데,
이 길을 지나다닐
사람이 있어야지……

혀를 차는 어머니
길가에 피던 민들레

토담 밑에
불러다 심고
시간을 가둔다

굽은 등으로
오월 햇살을
져 나르는
하얀 민들레

시간 자르기

마을회관 앞
초록 은행나무 아래
두 노인
시간을 자르고 있다
빨간 보자기 두르고
의자에 앉은 할아버지
세월을 끌어다 앉히고,
가위 들고 그 세월을 잘라 내는 할머니
나이도 뭉텅뭉텅 잘라 내고 있다
4백여 년 된 은행나무 이파리들
무어라 수런대고
두 노인도 두런두런 이야기 줄을 당긴다
은행나무 겉껍질 같은 손등을
가지런히 모은 할아버지
발 옆으로
시간 그늘 같은 머리카락이
쉰 소리를 내며 떨어진다
어느덧 가위는

허공을 베어 물고
빨간 보자기 둥둥둥
은행나무 위를 오른다
이발하고 굽은 등을 펴며
말쑥하게 일어선 여름산 앞에
냉수 한 사발 내미는 저녁나절

할 말이 있는 듯
노을도 오래 머문다.

제2부

카메라에서 나오다 1

우물처럼 깊은 하늘에
새하얀 나비 길을 잃고 맴돌다가
지친 날개를 내려놓는다
그리고
유언하듯 꿈틀거린다

넝쿨손에 힘을 주어
창공을 움켜 내는 포도 넝쿨
빛을 삼키며 트림한다

하늘보다 높은 곳에서
내려다보고 선
감나무 잎의 푸른 고함 소리에
나비가 놀라 날아간다
그리고
구름이 여운으로 비껴 선다

사각틀 속에 둥근 우주가 숨 쉬고 있다

카메라에서 나오다 2

사립문 너머 야트막한 산자락이
뿌옇게 웅크리고 앉아 있다
머리가 희끗희끗하다
발자국 하나 없는 눈길에
스멀스멀 그림자만 지나간다
옷깃 여미듯 사립문에 매달린 자물쇠
죄인 손목의 그것처럼 통 말이 없다
감히 넘나들지 못할 세월이
어느새 저만치 산을 넘고 있다
죄인의 자유로운 생각만큼이나
저녁이면 밤참을 챙겨 들고
마실 오던 동네 할머니들
정월 대보름이면 쥐불놀이 끝내고
집집마다 몰래 들어가
나물과 밥을 훔치던 동네 아이들……
벌써 산등성이를 넘어서고 보이지 않는다
아무리 기다려도 나타나 주질 않는다
빈 사립문 그림자만이 수군대며 흘깃거린다
바람마저 드나들지 못하고

웃음소리

큰길 사거리
약국 건물 앞
쪼그리고 앉은 할머니
말없이
삭정이 같은 손으로
시커먼 비닐봉지 열어 보이며
그저 소리 없이 웃는다

들쭉날쭉 내미는
실하고
올곧은 콩나물

천원 주고 받아온
콩나물 봉지를
황사 묻은 바람이
툭툭 건드리며 따라온다

할머니 미소 떠올리며

신문지 위에 쏟아 놓은 콩나물
반도 더 되는 껍질과
동강난 콩나물 대가리들
신문 기사 뒤로 숨는다

귀울음에 섞여 메아리치는
들어보지도 못한
그녀의 웃음소리

오선지를 탈출하는 콩나물 대가리들.

모놀로그

베란다 한 쪽에 잠이든 빈 술병들
문을 열자, 술 취한 목소리로
저마다 휘파람을 불어 댄다
엿장수 가위 소리에
되살아나는 유년의 기억

오래 전, 돌아가신 아버지
술에 취해 비틀거리며 일어서고
여전히 옛집 지키며 홀로 사는 어머니
등이 굽은 것도 잊은 채 벌떡 일어나
아버지 듣기 싫어하던 잔소리 퍼붓는다
어릴 적, 한 방에서 잠 설치며 들어야 했던
수없이 반복되던 언어들
빈 병의 목을 탈출해 내 목을 조른다

겨울 찬바람이 다시 병 속을 돌아 나온다
미적거리며 딸려 나오는
홀로 어린 자식들 키우며

눈 맞추지 못하던 어머니의 혼잣말

우수 추위는 우습게 한다더니만……
저 놈의 까마귀 떼가 요란 떠는 걸 보니 감기 유행하것다. 몸 애껴!
김장무 실뿌리가 길면 겨울이 춥다는데, 워언 세상에…….
저녁나절 날씨가 누그러지는 걸 보니,
내일 아침은 아마 혼꾸녕나게 추울 거여. 옷 든든히 쪄 입고 댕겨야지.

지금껏,
내 삶의 공간을 돌아
양철 지붕에 감 떨어지듯
가슴 철렁하게
내쉬던 어머니의 한숨
애써 감추며 들려주던

12월, 청포도 향기

안동댐 민속촌 내,
까치구멍집이 물을 내려다보고 있다
새 짚으로 옷을 갈아입는 중이다
낯선 발자국 소리에
까치구멍을 비우고 외출했던 바람이
급히 돌아와 문고리를 움켜쥔다
아직 지붕 위로 오르지 못한 이엉들이
하얗게 질린 얼굴로 마당에 웅크리고 있다
덥석거리며 한바탕 사람들이 휘젓고 지나간 까치구멍집
비스듬히 열린 삽짝으로
나는 고개 먼저 내밀며 들어선다
이번에는
까치구멍에서 내려 온 바람이
내 손을 덥석 잡아 마루 끝에 앉힌다
순간, 진한 포도 향기에 나는 콧날을 세운다
멈칫하던 바람이 손을 툭툭 털며 이야기를 시작한다
원촌동을 다녀왔단다
나는 이육사의 생가 터를 생각하고

청포도青葡萄 시비를 떠올린다
바람의 이야기는 시작되었는데,
드라마 촬영지를 향한 가파른 길은
버짐 피듯 허옇게 엎드려 있고
그 위를 벌레처럼 자동차들이 윙윙 달라붙어 기어 다닌다
광야曠野 시비 옆, 부스럼 딱지 붙은 장승 뜻 모를 웃음으로
목청을 돋우고 있다
수몰로 육사의 생가는
원촌동에서 태화동으로 옮겨 복원되었는데,
정작 그는 어디로 갔는지……
지금도 산에 올라 고향을 내려다보곤 하는지
낙동강 건너
해가 그 사이로 진다는 쌍봉산雙峯山이
자꾸 눈에 밟힌다

배추와 요강 그리고 자전거

그를 기억하려면
우선 요강을 떠올려야 한다
서로의 이름은 그다지 중요하지 않다
또한 배추를 잊지 말아야 하고
바퀴가 거꾸로 돌아
세월을 거스르거나
하루를 48시간쯤으로 늘릴 수 있는
자전거를 생각해 내야 한다

내가 처음 그를 만난 건
지난 늦가을 어느 수요일이다
그의 얼굴에는 검버섯보다
더 많은 웃음꽃이 피었고
손은 비록 거칠긴 하지만
연탄난로처럼 따스했다
입을 열면 온화한 말소리에
훈훈한 입김이 묻어 나왔다
그는 자그시 내 손을 쓰다듬으며 말을 이어갔고

미소와 고갯짓으로 대답하는 내 얼굴과
먼 허공을 번갈아 보았다

그는 겉으로 보기보다 나이가 많았다
자식들 다 출가시키고
옥상에 배추를 심어 기르며
여기저기 자원봉사 활동으로 바쁘단다
단, 수요일 하루만 개인 시간이 허락된단다
그는 다시 요강 얘기를 꺼내며
잡은 손에 힘을 보탰다
꽈리라도 불 듯 입술을 한참 오물거린다
물을 아껴 쓰기 위해
오래 전부터 요강을 사용했고
세탁하는 물과 음식 찌꺼기가 아까워
배추와 화초들을 가꾸게 된 것이라고 했다
내 손은 축축하게 젖어 그의 손과 엉겨 붙었고
등줄기는 후끈거렸다
내 가슴 속에서는 이미

자전거 페달 돌아가는 소리가 들렸다

그는 지금도
어딘가에서
자전거 페달을 힘껏 밟고 있을 것이다

거울 이야기

내 목이 쉰 것은 주인 여자 때문이다
순전히 그녀 탓이다
주방이 잘 보이는 거실 벽에 걸린 나는
얼굴이 둥근 거울이다
이 집을 드나드는 사람들은
내 앞을 꼭 지난다
지금은 그녀가 외출 중이다
갈강갈강 냉장고가 가래 끓는 소리를 낸다
늘 냉동식품과 냉장 식품이 바뀌어 저장되는 바람에
가래가 삭을 줄 모른다
곰팡이처럼 검은 얼룩이 진 천장과 벽은 또 어떤가
밀폐된 비닐봉지에 든 한약을 가스 불에 올려놓고
굉음과 함께 터질 때까지 잊고 있는 바람에
흉터로 남은 상처다
그녀는 스스로 인정하지 못하는 건망증 환자다
가스 불에 태운 그릇만도 쉬 헤아릴 수 없고
커피에 소금을 넣는가 하면
그리다 만 눈썹으로 나다니기 일쑤

그녀의 외출 후
현관에 남은 서로 다른 쪽의 신발 한 켤레가
나를 놀라게 할 때도 있다
오늘 아침 전자레인지에 갇힌 생선은
아직도 그 곳에서 나오지 못하고 있다
둥근 얼굴이 후덕해 보이는지
내 앞에서는 아무도 부끄러워하지 않는다
아니, 부끄러운 줄 모른다
있는 그대로를 보여주어도 말이다
쉿! 문소리가 들린다
그녀가 돌아온 모양이다
어떻게 알았는지 전화벨이 울린다
헨드백을 팽개친 그녀가 전화기 앞으로 달려간다
오늘이 분명 수요일이건만 목요일이라며
내일 그러니까 금요일에 약속 시간을 잡는다
나는 벽에 걸린 달력을 본다
또다시 잔소리를 해야 한다
그녀는 알아듣지도 못하는데

까치집

할아버지 돌아가신 후,
우리는 나무 꼭대기에 2층집을 짓기 시작했다
등이 굽은 할머니처럼
야트막하게 엎드린
슬레이트 지붕의 아담한 집에는
할아버지 할머니 두 분이 살았다
그리고 울타리 옆으로는 키가 큰
미루나무 한 그루가 마치 솟대처럼
우리 집을 받쳐 주었다
아주 드문 일이었지만 멀리
손님 모습이라도 보이는 날엔
우리의 몸놀림이 바빠진다
얼마 전에는
느닷없이 손님이 자주 드나든다 했더니
할아버지가 그만 돌아가신 것이다
상여는 요령 소리 따라 산을 오르고
한참 뒤에는 요령 소리만 들려왔다
그 소리에 묻어온 바람이

할아버지 산소는 산마루 양지쪽이라고 했다
우리는 더 높은 가지로 올라가
할아버지 산소가 보이는 곳에
집을 짓기 시작한 것이다

두 그루 나무

오늘도 아이들이 퍽 많이 모였단다
몇몇은 모래 놀이를 하고
다른 몇몇은 술래잡기를 하는 모양이야
나무 뒤에 숨는 녀석이 있는가 했더니
꽃밭 속에 엎드린 녀석도 보인단다

부드러운 엄마의 목소리를 듣고 있으면
내 마음도 따뜻해집니다
키가 큰 엄마는 키 작은 나를 위해 항상
담장 밖의 풍경을 알려줍니다
엄마와 내가 있는 이곳은 아파트에 가려
햇볕 한 번 제대로 들지 않지만
담장 밖은 늘 꽃이 피어 있고
아이들이 뛰어 놉니다
하지만 나는 키가 작아 직접 볼 수는 없습니다

오늘은 유치원에서 야외 수업을 나온 것 같다
좀 전에는 손뼉을 치며 노래를 부르더니

이제는 스케치북에 그림을 그리고 있구나
저 쪽에는 엄마랑 그림자놀이를 하는 녀석도 있고
옆 친구를 귀찮게 하는 개구쟁이도 있네

나는 엄마가 들려주는 이야기를 상상하면서
곧잘 낮잠을 자기도 합니다
가끔, 어서 키가 자라
엄마처럼 높다란 담장 밖 풍경을
보고 싶은 생각이 들 때도 있습니다
엄마와 내가 있는 이곳은
모퉁이라서 비와 바람도 심술을 부리며 지나갑니다
그래서 키도 잘 자라지 않는 모양입니다
오늘도 까치발을 뜨고 담장에 매달려 보지만
쉽게 손이 닿질 않습니다

얘야! 아이들이 알록달록 털모자를 쓰고 나왔구나
손에는 예쁜 장갑도 끼고
숨을 쉴 적마다 뽀오얀 입김을 내뿜는 모습이

얼마나 귀여운지 몰라
뒤뚱대며 뛰는 모습도……

겨울이 되자
우리는 겨울잠을 자게 되었습니다
이듬해 봄,
나는 키가 자라 담장 밖을 보게 되었고
엄마는 겨울잠에서 깨어나질 못했습니다
담장 밖에는
꽃밭이나 나무는커녕
아이들이 놀 수 있는 공간마저 없었습니다
높은 시멘트벽만 빙빙 돌아 아질아질했습니다

어머니의 여름은 가고

여름내 땀에 절어
들일을 하던 어머니
물에 만 몇 숟가락의 찬밥에
애써 힘을 싣는다

항아리 속 뽀오얀 된장을 뜨고
웃자란 상추를 씻어
밥상에 올려놓고도
행복한 웃음을
넘치도록 차려 내 오시던 어머니

어머니를 부르며 들어서는
허름한 토담집
뒤란으로 이어지는 굴뚝 옆
굴뚝보다 높게 자란 감나무 아래
어머니의 여름은 가고
감보다 붉은 감잎이
강아지마냥 기어오른다

긴 장대를 들고 감나무를 기웃거리는
키 작은 내 어머니
움츠러든 어깨, 헐거워진 허리춤에서
갈잎 같은 쓸쓸함이 떨어진다

억새 같은 손등
메마른 얼굴 위로
차곡차곡
세월이 진다

봄비 내린 후

밤새워 비가 내렸다

햇볕 속으로
어제 내린 비가
거꾸로 끓어오른다
풀잎을 타고
꽃잎을 타고
해송 나무를 타고
푸른 점등點燈을 한다

간밤
바람이,
지나간 길
나뭇가지 위에
금줄 치듯
폐비닐을 걸어 두었다

빈 집 같던

허름한 토담, 잿빛 기와집 마당 안으로
빨래가 널린다
바지랑대
집게에 물린 빨래가
할퀴듯 허공을 조각낸다

마당 한켠
앵두나무 언저리
언뜻언뜻 보이는 옷자락
어느새
그리움으로 하얗게 떨어진다
소등消燈을 한다.

볕 좋은 날

햇볕 좋은 날
서성대는 건
아직 덜 성장했기 때문일까

햇볕 따라
슬며시 찾아가 보는
유년의 뜰

뒤틀린 광문 속
시렁 위에 얹힌
시간의 기억들
문 열리는 순간을 기다렸다가
덤벼들어 발목부터 잡는다

들녘에는
빛을 되쏟는 이파리들이
어머니 뒤를 따라다니며
앞니 빠진 녀석들처럼

깔깔댄다

장독대 항아리에는
어머니가 가두어 둔 빛이
발효되는 중이다

유난히, 햇볕 좋은 날
서성대는 건
아직도 덜 성숙했기 때문인가

산길

멀리
길 하나 보인다
더듬거리며 내려오는
산그늘
찔레 향 따라
흐르는 물소리

삶을 지게 져 나르던
아버지
숲으로 숨는 산길로
드신 지 꽤 오랜 세월

어릴 적
그리움 고이는 옹달샘 하나
내 마음에 남겨둔 채
아카시 꽃 지듯
숲이 되신 아버지

오월은
꽃 피워 산길을 덮고
내 마음에 은밀히 손 내미는
새로운 길 하나 있다
뻐꾸기 울음이 놓아주는
풀밭 징검다리

찔레꽃

오월,
하늘이고
산에 오르던 노인
풀밭에 주저앉아 중얼거린다

갓 백일 지난 아이 배밀이 하듯
휘어진 꽃가지
꼭 쥔 주먹, 맑은 살결
끈끈한 젖비린내

노인의 거친 숨소리에
토하듯
쏟아졌다가 일어서는
지난 시간의 껍질 같은 하얀 거품
일찌감치 노인 가슴에 묻은
어린 아들의 훈훈한 입김이 서리는
울퉁불퉁 긴 긴 이야기

오늘도 잎새 뒤에 숨는
어둠 속에서도 하얗게 피는 찔레꽃

건망증

휴대폰 벨이 울린다
만나기로 한 친구한테
약속 시간보다 훨씬 늦게야
걸려 온 전화

한숨 소리 너머 들리는
다급한 목소리

얘, 어쩌면 좋아
깜빡 잊었어

나는 한참을 더
기다리기로 한다
기다리는 내내
그림 속을 걷고 있다

냉동실에 얼어붙은 지갑
신발장 안에 숨어 있는 무선전화기
자동차에 갇힌 열쇠
그 주변을 끝없이 맴도는 여자

제3부

개구리 삼키는 중

목에서
개구리 울음소리가 난다
언제부턴가
내 목에 걸린
개구리 한 마리가
영 목구멍으로 넘어가질 않는다

보아 뱀더러
물려 볼 수도 없고
먹구렁이더러
물려 볼 수도 없는 노릇

그는 소리친다
개구리를 먹어라!

아침 시간을 이용해야 한다
개구리의 등이, 아니 온몸이
촉촉하고 매끄러울 때

삼켜서 목으로 넘겨야 한다
하루의 시작인 아침에

개구리를 삼킨
오늘 하루가
나에게는 24시간보다
훨씬 길 것이다
또한 짧을 것이다

그는 또 소리친다
개구리를 먹어라!*

*개구리를 먹어라!: 브라이언 트레이시

물고기도 나뭇잎이 된다

방 안으로 들어온
햇볕이 깊어진 걸 보니
여름도 다 갔다
볕이 들지 않던
자그만 어항에도 해가 떴다

홀리페페, 바이올렛, 풍란, 벤자민……

작은 숲을 지난해가 어항 속으로 들어왔다
여섯 마리 구피 가족들이
손님을 맞아 부산을 떤다

외출했나 돌아와 보니
벤자민 가지 밑에
나뭇잎이 하나 떨어져 있다
알고 보니
어항을 탈출한 물고기의 몸부림 흔적

가을엔 물고기도 나뭇잎이 된다

안으로 들어서다

며칠째,
주머니 속으로 자꾸만 손이 간다
천 원짜리 지폐가 길을 묻는다

나는 천 원짜리 지폐 안 도산서원으로 천천히 들어섰다
장판각을 돌아 나오는 바람에
책 찍는 소리 대신 새소리가 묻어 나온다
허리까지 땅에 묻고 선 은행나무 수몰 지구를 기억하고
여전히 다부지게 뿌리 깊이 흙을 움켜쥐고 있다
도산서당 안이 텅 비어 고요하다
퇴계退溪 선생의 모습은 연못가에도 보이지 않는다
절우사 정원으로 나가보니
선생 닮은 소나무만 오기로 짙푸르다
농운정사를 돌아
채광문을 기웃거려 봐도
선생의 모습은 보이질 않는다
서쪽 마루에서 내려다보니
나무 우듬지가 흐르는 물을 움켜쥐고 섰다

노을빛 물이 선생의 뜻을 품어 심지 굳게 눈부시다
바람도 도산십이곡을 읊어 들려준다
한참 동안 눈을 감았다 뜨니
물 위에 선생의 온화한 얼굴이 비친다
등 뒤에서 지켜보는 퇴계 이황

가을, 어머니

어슴푸레 어둠이 내리는 시간
서쪽 하늘을 비우고 지나가는
누군가를 그려본다
고열로 보채던 아가의
선잠 앞에 서성인다
문득, 어머니 얼굴이 들꽃으로 핀다

어머니 손톱은 가뭄에 타들어 가는 콩잎
방아에 눌린 굵은 손마디를
드나드는 시린 바람에
일그러지는 꽃잎
꽃잎 위 더께를 더하는 기억들이 포개어진다

지금도 어머니의
메말라 갈라진 절굿공이는 허공을 찧고
움푹 패인 도마 위에는
배부른 부엌칼이
바쁜 일정을 분배한다

언제나
가을 들녘에 핀 들꽃에서는
희뿌연 바람이 불고
쉰 숨소리 들린다
끓는 가래에 핏빛 고달픔이 비치기도 한다

바람이 분다
노을에 묻어온 들꽃이
방 안으로 휘어져 들어온다
잠든 아가 얼굴에 꽃물이 번진다
가을바람에
갑빛 어머니 목소리도 실려 온다.

비

사월 어느 날
비가 내립니다

비는
뾰족뾰족한 새순에게
둥글게 휘어지는 법을 알려주고
나뭇가지에 무게를 실어
낮아지는 법을 알려줍니다

비는
꽃잎에게
땅바닥에 떨어져
겸손을 배우게 하고
숲에게
푸르름의 깊이를
더해 줍니다

나에게는

빨래를 걷어 들여야 하는 것과
장독 뚜껑을
제대로 찾아 닫아야 하는
현실을 일깨워 줍니다
그리고,
재잘대는 비 소리는
잠시 돌아서서
유년의 뜰을 떠올리게 합니다

비가 내립니다.

산벚꽃

빨래 널다 바라본
뒷산 자락
산벚나무도
빨래를 내다 널고 있다

미처 빨래집게로 집기도 전
황사 바람이
빨랫줄을 끊고 달아난다
뭉턱 주저앉던 빨래가
산으로 올라가
걸린다

사방으로 번져 나가는
사월의 비명悲鳴

그림자

산으로 사방이 둘러진 밭
그곳에서 보낸
낡은 기억 속
그림자 환하다

개복숭아 나무 아래 잠든
유년의 몸 위로 개미가 길을 내고
그림자를 따라 돌던
나의 보금자리

풀숲에 숨은
옹달샘 헤치면
땀에 젖은 얼굴에
머리카락 엉겨 붙은
아이가
먼저 반긴다

누런 양은 주전자 뚜껑으로

떠 마시는 물
얼굴 가득 흔들리는
환한 물그림자

손톱 끝 초승달
꽃그림자

그들의 시간

식당 중앙에 마주앉은
두 노인
늦은 점심을 먹는다
말없이

등이 굽은 두 사람
멀찌감치 떨어져 앉듯
오고가는 젓가락질조차도
드물다

내려앉은 눈꺼풀
느린 손놀림
구부정한 어깨 위에서
잠시, 멈추어선 시간이
점심을 먹는다

꾹 눌러쓴 모자 밑으로
흐르는 땀방울

젓가락 사이를 자꾸만 미끄러져
주저앉는 국숫발
걷잡을 수 없이
달아나는 시간

구석에 앉아
손으로 국숫발 집어먹던 아이
뒤뚱거리며 시간을 불린다

개 판 돈

장날
그녀의 속바지 주머니가 불룩하다
큰 맘 먹고
그릇 가게에 들어서는
발걸음이 기운차다

할머니 뭐 찾으세유?
누룽지밥 해먹을라구. 솥단지 줌 보여줘 봐유.
두 분이 해 잡술 거루다가 작은 거 드려유?
아니유, 질 큰 걸루다가 줌 봐유.
곰탕 해 드실라구유, 할머니?
아니유. 옥시기두 쪄 먹구, 애들 오면 밥두 해 먹게유.

이 솥 하나 가지면 얼마나 써유?
오래 쓰지유. 전 시집 올 때 해온 거 여적지 써유.
그리유! 안 살지도 모르는데 다 헤집어 놔서 어쩐대유.
아이구, 괜찮아유. 장사하면서 다 그런 거지유 뭐. 걱정 마셔유.

이걸루다가 잘 줌 해줘유.
할머니, 차빈 빼드려유.
사실은 개 판 돈으루 솥단지 사러 온 거유.
원래 개 판 돈으루다가 그릇 같은 거 사면 좋다잖어유!

솥 머리에 이고 가게를 나온 그녀
행선지를 정하지 못해 머뭇거린다
중얼거린다

애들이 와야 새 솥을 개시하는데

돼지

남주동 가구점 골목 지나
한복집 골목으로 가다 보면
키 작은 할머니가 주인인
돼지우리가 있지
털이 붉은 돼지들은
늘 조용하지
거꾸로 있는 것을 좋아해
박쥐처럼 매달려 살지
맘씨 좋아 보이는 주인은
꽤 오래 전부터
돼지들을 팔지 않았어
아니, 사러 오는 사람이 없었지
긴장을 잊어버린 돼지들은
거꾸로 매달려
수를 세기 시작했지
진열장에 있는 물건이나
지나가는 사람들을 세다가
이따금 지나가는 자동차를 세기도 하면서

하품하며 졸기가 일쑤였지
그러다가 시계를 따라 돌다 보면
돌 적마다
먼지에 온 몸이 녹이 슬었지

울타리도 없는 우리에 갇힌
나른함이라니!

신호 대기 중

빨간 신호등 앞
일제히 멈춰서는 자동차들
숨을 죽인다
도로 양옆
들꽃 같은 간판들도
바람에 흔들리다 휘청거리며 멈춘다
꽃집 앞, 가로수 아래
그늘을 안방으로 착각한 젊은이가
신발을 나란히 벗어 놓고
가방을 베고 누워
낮잠을 즐기는 중이다
신호 대기 중, 옆 차선
차안에서 목청 높여
노래 부르던 늙수그레한 사람과
눈이 마주친다
머리가 하얗다 그 사람
조수석 뒤
유리창이 열린 줄 모르고

목청을 돋우던 사람
주름진 옆얼굴에 검버섯도 보인다
세월을 좀 먹고 있는
젊음을 깨우는 중인가

신호등 불빛이 바뀌자
1막도 끝났다

이번에는
나의 차례다
그들 눈에 보이는 내 모습은

고등어

햇살이 퍼진다 이른 아침
동쪽을 바라보고 선 뒷동산이
바다에서 일어선다 푸른 물을 떨구며
하얀 배를 드러낸 활어가
덩달아 수직으로 튀어 오른다
푸르름에 뿌리 묻은 은사시나무

바닷바람에 따라 들어온
여자가
아침 식탁을 준비한다
어제 냉장고에 넣어 둔
미래를 찾는다
등 푸른 고등어에 흐르던 윤기와 탄력
선명한 눈동자
거기다가
가족들의 몫으로 부여된 미래
수도 없이 냉장고 문은 열렸다가 닫히고
한참 뒤에 끌려 나온 미래는

이미 오랫동안
시간에 절여진
굽이 단 신발이다
신선함을 잃어버린 미래는
신발장에 대신 갇혀 있던 중이다

오늘따라 뒷동산 은사시나무 위
활어가 더 나부댄다

자유함

아무한테도
말하지 않고 집을 나선다
매일 오가는 길이
낯설다는 생각에
자주 뒤돌아보며
넘어질 뻔 하다가 두리번거린다
요일과 날짜를 기억하지 않기로 한다
교차로를 지날 때마다
주춤주춤 두리번 징검다리를 놓고 있다
아까부터 따라온
주머니 속 휴대폰 기척에
못할 짓하다 들킨 사람마냥
가슴 조인다
누구지, 무슨 일이지, 급한 일인가,
받을까 말까
갈등하는 동안
주머니 속은 조용해진다
'부재중'

검지손가락 세워 보이는 휴대폰이
한 쪽 눈을 찡긋거린다

아예, 전원을 끄면 자유로울까

그 남자

옆 차선으로 달려오는 그 남자
몇 번을 앞서거니 뒤서거니 하다가
결국,
횡단보도 앞에 나란히 멈춰 섰다
열린 차창으로
그 남자가 신호를 보내온다
콧날을 찌푸리게 하는 담배 냄새로
그 남자는 지금 바쁘다
왼손은 휴대폰 들고 통화중
오른손 엄지와 검지는
담배를 지키는 중이다
가끔 몸을 비틀어
담뱃재를
차창 밖으로 털며
분주하다

신호등 불빛이 바뀔 무렵
그는
무엇을 버릴 것인가

소통의 오류

"야, 문상 받았어?"
학원 빌딩 아가리에서
쏟아져 나오는
초등학교 고학년 정도로 보이는
아이들이
급히 걸으며 묻는 말이다

누군가 집안에 슬픈 일이 있는 모양이구나

"너도 생선 좋아하지? 뭐가 제일 좋아?"
아침 등교 시간
여울목 같은 교문으로
빨려 들어가는 아이들이
흘리고 간 질문이다

누군가 아침에 맛있는 생선을 먹은 모양이구나

나는

비슷한 또래의 아이들에게 되묻는다
돌아오는 대답에 웃음이 먼저다

문상은 문화 상품권
생선은 생일 선물

제4부

가을 하늘

창호지 문을 열면 시원한 바람이 드나드는 안방
갓 돌 지난 아가가 낮잠을 잔다
간간이, 뒤란 장독대에서 장 냄새 전해지고
그 곳에 늘 피어 있던 맨드라미 사이로
가을 하늘이 눈부시다
고달픈 내 어머니의 가을 하늘

토담 위 호박 넝쿨 뒤로 보이는 하늘에는
상여가 지나가고 요령 소리 들린다
언젠가 칠월은
아버지를 데려가고
올해도 변함없이 토담 위에
호박을 주렁주렁 달아 놓는다

애써 슬픔을 견디며 4남매를 키우느라
꾹 다문 어머니 입술 같은 호박꽃은
뚝뚝 떨어져 뒹굴고
빨랫줄의 턱을 괴고 섰던 바지랑대

빈 하늘을 더 높이 고인다
호박 넝쿨을 따라
어머니의 가을 하늘이
줄줄이 딸려 나올 것을 알고 있는지

차르락 차르락
옥수수 잎들이 재잘댄다
그럴 적마다,
낮잠 자던 아가는 옆으로 돌아눕는다
옥수수수수염 같은 머리카락을 일으켜 세우는 바람이
안방을 관통해 지나간다
가을 하늘이 아가 귀에 드리우면
섬세한 실핏줄 따라
흐르는 물소리 같은 어머니의 목소리

버스를 기다리다

버스 정류장 옆, 덩굴장미
조무래기들처럼
담장에 매달려 밀고 당긴다

늘 서 있는 트럭 위에서
튀밥 튀기는 노인
여전히 시간을 튀겨 낸다

뻥!
튀밥 튀기는 노인이 소리를 낼 적마다
하이얀 꽃이 폈다 진다
머리조차 흰 노인

부푸는 일상
은행을 나온 지폐들
활어 떼처럼 질주한다
달려오던 택시가 버스 되고
저만치 걸어오던 아이

어른이 되어 정류장에 와 멈춰 선다

담장 위 덩굴장미
하얗게 스러진다
지는 해 속으로

파대破帶

오늘 하루를 돌아본다

밤새 먼 길을 달려와 숨이 턱에 찬 안개를 원망한 것을
바쁜 아침에 옷을 찾느라 부산한 가족에게 뱉은 뾰족한 말을
혹은 가시 돋친 뒤통수를 가족들에게 보여준 것을
미리미리 해야 할 일을 미루었다가 다른 사람 탓한 것을
자신의 게으름으로 지각하여 앞에 가는 차를 조급한 마음으로 욕한 것을
추월하여 앞질러 나가는 차를 다리 거는 심정으로 눈 흘긴 것을

같은 공간에 있는 사람들의
웃음소리를 떠올려 본다
기분 좋은 말소리를 생각해 본다

가을 들녘에
파대破帶*를 흔드는
농부의 마음을 헤아려 본다

* 파대破帶: 가을철에 논밭의 새를 쫓기 위한 매끼.

헐렁한 고무신

여섯 살 아이가
할머니 고무신 끌고
봉당에서 마당으로
부엌에서 뒤란으로
텃밭에서 장독대로
다시 외양간으로
길을 낸다

헐렁한 고무신을
들락거리는 작은 발에
넘어질까 걱정하는
할머니마냥
구부정한 등을 만들어
뒷짐 진 손에
옥수수가 들려질 무렵
휴일도 벌써
한나절이 지난다

여섯 살 아이의
그림자에
헐렁한 고무신이 묻히는 시간

발 크기만큼의 세월이
뒷걸음질 친다

어떤 어둠

뿌유스름한 불빛 아래
병원 로비는
어둠에 눈물을 삼키는 사람들로 흔들린다

친구들과 닭다리를 뜯는 다리에 깁스한 청년
휠체어에 몸을 묻고
허공을 향해 마음을 말리는 노인
악을 쓰며 우는 아이를 업고
종종걸음으로 몸을 흔들어 대는 어머니
그냥
어둠 속 의자와 하나가 된 사람들

어느 종합병원 로비의 어둠
차라리
어두워서 다행이다
어두울수록 빛나는
비상구
푸른빛이 희망이다

가을장마

처서 지난 지가 언제였던가
지리한 장맛비가 내린다
먹구름 사이로 햇빛이 길을 내다가
다시 쏟아 붓는 빗줄기에
가을이
남의 집에 들어선 나그네마냥
머뭇거린다
여우 빛에 걸려 온 전화에선
어머니의 목소리가 축축하다
때늦은 장마에 동네 앞
다리가 묻혔단다
철없는 딸은 어머니 전화에서
궂은날 부쳐 주시던
빈대떡 기름내를 맡고 있다
벌써 입안에 침이 고인다

아버지의 빈자리로
홍수가 진다

집으로 가는 길

큰길 버스 닿는 곳에서 걸어 족히 30분이 넘게 걸리는 마을
눈에 빤히 보이면서도 한참이나 걸린다
외딴집 하나 지나고 고추밭을 지나면 세월의 흔적 모양
은행나무가 시커멓고 구부정한 우듬지를 점잖게 거느리고 섰다
그 나무 아래 마실 나오는 노인들의 수만큼 의자가 놓여 있다
그 곳을 지나 논과 논 사이
기역자로 구부러진 길을 지날 무렵이면 진력이 나기 시작한다
온몸이 촉촉해지면서 다리가 무거워진다
그쯤이면 까치가 보금자리를 튼 미루나무 한 그루
들녘의 바람 이야기를 들려준다
거기서부터 조금 더 걸으면 참깨 밭이 나오고
평평하고 낮게 지붕을 드리운 인삼밭을 지나야 한다
그러면 굽은 몸을 펴며 일어서던 소나무 아래
정자가 보이고 정겨운 세 갈래 길이 나온다

한 마을이면서 연못을 가운데 두고 세 곳으로 떨어져 앉은 마을
연못을 오른쪽에 두고 곧장 올라가다 보면
뽕나무가 서 있는 밭둑을 지나 바로 집이 보인다
텃밭에 있던 이웃집 노인이 불러 세우더니
막 호박 넝쿨에서 여름을 따서 안겨 주며 말을 건넨다

인저 우리 부락에도 시내버스가 댕긴디야!

길들여진 시간

천둥 번개에 먹구름은 뿌옇게 산을 먹으며
마을까지 내려온다
콩고물에 구르는 인절미마냥 굵은 빗방울이
흙먼지를 뒤집어쓰고 한차례 지나가면
하늘을 찢을 듯 천둥소리가 가깝게 달려와선
소나기를 퍼붓는다
구렁이 울음으로 소리를 낮추었다간
다시 방안에서 멈추어 버린 칼날 소리

텔레비전 화면 속, 벌거벗다시피 한 사람들이 모조리
어디론가 사라진다

전원 스위치에 대꾸도 하지 않는 TV 화면
온 가족들이 선을 그으며 거미처럼 왔다 갔다 하게 만
든다
TV에 길들여진 시간 앞에 서성거리며 보낸 며칠
뒤엉킨 거미줄에 감긴 가족들이 저마다 집을 짓는다

바람소리에 묻어 들어오는
물벌레 소리, 매미 소리, 새소리의 기척에 놀라
일제히 일어서는 가족들
얼굴이 환하다

지뢰밭 길

칠월 삼십일
오전 열 시경
지뢰밭 길을 달리고 있었다
아니, 지뢰밭인 줄도 모르고 마냥 달렸다

보은읍에서 속리산 방향으로
5분 정도 달렸을까
보은 장례식장 이정표를 막 지나는데
갑자기 서행하는 차들로
더디 가는 차 속도와
마음의 조급함이
시계를 보게 했다

이 시간에, 음주 검문이라니
연달아 도로 가장자리로 비켜
정차하는 차들
무표정한 운전자
억울하다고 하소연하는 운전자

재수 없어 걸린 듯 담배 피워 무는 운전자

바로 앞에 가던 차도
경찰관 지시에 따라
도로 가장자리로 꿈틀꿈틀 움직인다

무사히 통과해 앞으로 빠져나가며
길에 쏟아지는 햇살에 현기증이 난다
한참을 달려도
바짝 뒤따라오던
차가 보이질 않는다

나 지금 지뢰밭 길을 막 빠져나왔다
앞, 뒤차 모두 음주 단속에 딱 걸렸다.

휴대폰으로부터 온다

싱싱한 전어 회가 먹고 싶다는 말에 이어
새벽에,
이불을 끌어다 덮는데 느낌이 좋더라는
말을 한다
어둠이 쉽게 찾아온다는 말에서는
찬바람이 돈다
점심 메뉴에서 슬슬 콩국수가 빠져나가고
칼국수가 등장
여름 상품 세일한다는 말을
자주 한다
그러면 이미 가을이다

이제
가을은
휴대폰으로부터 오는 걸까

순댓집 새우

순댓집 문을 들어서기 무섭게
반색을 하며 반겨 주는 등 굽은 새우 한 마리
구부러진 등을 보이며
구부러진 발로
구부러진 순대를
먹기 좋게 잘라 내어놓는다

뒤틀린 마음까지 읽어 내는
수염이 허연 새우
굽이쳐 살아온 세월

매양
곧게 사는 방법을
곁들여 내어놓는다

순댓집 새우, 할아버지
귀 뒤에 꽂힌 볼펜조차
구부러져 있다

비 오는 날

소나기다
멀리서 달려오는 천둥소리
더위에
늘어졌던 우듬지들이
후득후득 일어선다
비설거지 끝낸
어머니
숨이 가쁘다
그래도
비 오는 날엔
기름 냄새 피워야 한다며
호박잎 뒤에 숨은 호박 찾아
우산 들고 막대기 하나 들고
바빠지던 어머니

장독대 옆으로
하얗게 핀 부추 꽃

기다리는 동안

팔월 한낮이
물속처럼 고요하다
잘 여문 옥수수 통에서도
후끈한 열기가 나온다
양철 대문 앞
막 생기기 시작한 그늘에
동그란 몸을 맡긴 노파
마을 어귀에 눈길을 주며
지껄인다

우정국에서 사람이 오기로 했는데……
벌써 오고도 남았겠어
이 늙은이 걸음걸이래두
두 번은 댕겨 왔을 겨

몸빼 주머니에서
주소 적힌
꼬깃꼬깃한 종이를 꺼내어 보던 노파는

다시 주머니에 넣으며
묵직해 보이는
옥수수자루를 대문 밖으로 내다 놓는다

택배보다 빠른
노파의 마음은
이미 서울 딸네 집에 가 있다

웃음꽃

삼월 중순
얼마 전, 양쪽 눈 백내장 수술 받은 어머니
어머니와
식당에 앉아 점심밥을 기다린다

널따란 통유리 위로 봄이 차려진다

노란 햇살에
방금 전까지도
맴던 바람의 흔적이
녹고
자글자글 뚝배기에서
얼음장 밑으로 흐르는 물소리가 들린다

저만치
담벼락에 숨은
마실 온 옆집 동무 같은
산수유나무도 시린 꽃눈을 지그시 뜬다

세상이 맑게 보인다며
벽에 걸린 메뉴판을 읽는 어머니
웃음꽃을 주문한다.

사금파리

토끼풀 꽃 향기
베란다를 넘는 대낮

가슴에 박힌
흙 속 사금파리 같던
동심의 한 조각

흩어져 있는
아이들을 불러 모은다
흙속에 박힌 조무래기들
꽃반지 만들고
화관 만드느라
들판이
꼼지락거린다

초등학교 4학년 때
할머니만 남겨 두고
서울로 간 친구는

할머니가 돌아가셨을 때도
오지 않았지
나중에
어른들이 그러는데
서울로 입양되어 간 거랬지

친구 얼굴 어리는
사금파리
풀밭이 환하다

■ 해설

시간의 깊이를 드러내는 서정의 원리

심재숙의 시세계

유성호

(문학평론가 · 한양대 교수)

1

심재숙 시인의 첫 시집 『별 좋은 날』은, 구체적인 생활적 실감과 정서의 투명성을 간직하고 있는 잔잔한 서정의 기록이다. 그녀의 목소리는 세상에서 빛을 다하고 낡아가는 풍경을 가장 절절한 언어로 담아내고 있고, 그녀의 시선은 고단한 삶을 살아가고 있는 사람들의 생애를 향한다. 또한 거기에는 우주적 시간의 생성과 소멸의 흔적이 선명한 개별성을 가진 채 존재한다. 우리는 이러한 시세계를 가능케 하는 그의 작법作法을 일러 시간의 깊이를 드러내는 서정의 원리라 명명할 수 있을 것이다. 그 가운데 심재숙 시편의 음역音域이 향하는 일차적 대상은 이 땅에서 가장 힘겨운 생애를 완성한 자신의 '어머니'에 대한 가없는 연민과 회억回憶에서 시작되고 완성된다.

사월 한낮
뒷동산에 머문 봄빛 손거울처럼 맑다
속이 훤하게 들여다보이는 숲,
선을 그으며 날아오르는 새들의 날갯짓
어머니의 버거운 펌프질 소리 들린다
낙엽송 끄트머리엔 벌써 물이 오르고 있다

체기로 얼음장이 된 손과 발,
핏기 가신 얼굴로
양지쪽에 나와 선 어머니
은사시나무는 어머니를 닮아 있다

속살을 드러낸 은사시나무
힘줄 되어 솟구쳐 올라간 나뭇가지
헝클어진 어머니 머리카락은
힘겹게 주저앉는다

나무 아래

낮게 엎드린 진달래꽃
어느새
산을 내려오고 있다
내 어머니가 아끼던
꽃양산처럼 곱다

은사시나무
우듬지에 걸린 하늘은…

—「은사시나무」 전문

"오래 전, 돌아가신 아버지/ 술에 취해 비틀거리며 일어서고/ 여전히 옛집 지키며 홀로 사는 어머니"(「모놀로그」)를 시적 대상으로 삼은 이 시편은, 시인의 마음이 얼마나 시적 대상을 향한 따듯한 연민과 사랑으로 감싸여 있는지를 선명하게 증언한다. 화자의 눈에는 봄빛이 손거울처럼 맑은 날, 숲에서 새들의 날갯짓이 한창인 역동적 풍경이 들어온다. 그토록 맑게 상승하는 분위기와 반대편에 어머니의 힘겨운 노동이 존재한다. 이렇듯 봄날의 생성과 어머니의 노경老境이 겹쳐지면서 삶의 고단함과 쓸쓸함은 배가된다. 어머니의 외관은 손과 발이 차고 얼굴은 창백하여 마치 "은사시나무"를 닮아 있는데, "속살을 드러낸 은사시나무"는 힘줄 되어 솟구쳐 올라간 나뭇가지를 가지고 있는 데 비해 어머니의 헝클어진 머리는 힘겨워만 보인다. 그래서 화자는 "내 어머니가 아끼던/ 꽃양산"처럼 고운 진달래꽃의 개화開花를 바라보면서 "은사시나무/ 우듬지에 걸린 하늘"을 망연히 바라만 보고 있는 것이다.

시집 안에는 이처럼 어머니를 향한 연민과 사랑의 시선이 가득하다. 화자는 이 찬란한 봄이 "어머니에게/ 꽃으로만 기억할 수 있는/ 봄이었으면"(「봄 2」) 하고 바라기도 하고, 어머니의 "억새 같은 손등/ 메마른 얼굴 위로/ 차곡차곡/ 세월"(「어머니의 여름은 가고」)이 지는 것을 안타까이 바라보고 있기도 하다. 이러한 어머니에 대한 시선은 단지 가족 안의 울타리에 머물지 않고 타자들을 향해 확산되기도 하는데, 시인의 시선이 타자들을 향할 때 묘사의 활력은 한층 더해진다.

> 육거리 재래시장 골목 언저리
> 햇볕 잘 드는 곳에 자리를 잡은 그녀
> 오늘도 허공을 바라보고 섰다
> 연신 혀를 말아 돌리며 빛을 받아먹는다
> 한참을 씹어 삼키고 다시 혀를 돌릴 적마다
> 입 속에 허연 부레가 보인다
> 등에 업힌 아가는

엄마 어깨에 코를 문질러 대며 칭얼거린다
눈물이 길을 낸 얼굴에는 버짐마저 피고
새까맣게 때 낀 손가락으로
호떡 장수 있는 쪽을 가리켜 댄다
찬바람 드나드는 헐거운 그녀의 신발 속 발은 흙빛 진주
헝클어진 머리 위에는
제각각 꽂힌 머리핀도 빛을 받아먹는다
그녀는 시장을 돌아 나가는 사람들을 보지 않는다
주머니 사정에 따라
발걸음이 무거운 사람도
발걸음이 가벼운 사람도
굳이 따로 가려내 선을 긋지 않는다
그저 허공을 바라보며 혀를 말아
호떡만한 풍선을 부풀렸다간 삼켜 버린다
그럴 적마다 맑은 웃음이 얼굴 위로 지나간다
그녀는 배가 부르도록 빛을 받아먹으며
허공을 헤엄쳐 다닌다
우주를 만든다.

—「풍선껌 씹는 여자」 전문

육거리 재래시장 골목 언저리에서 허공을 바라보며 햇볕 잘 드는 곳에 자리를 잡고 있는 한 여자가 있다. 그녀는 오래도록 풍선껌을 씹으면서 빛을 받아먹고 있다. 등

에 업힌 "눈물이 길을 낸 얼굴"을 한 아기는 "새까맣게 때 낀 손가락"을 하고 있다. 가난과 소외가 온몸을 휘감고 있는 이들 모자母子가 어떤 구체적 상황에 놓여 있는지는 분명치 않다. 하지만 "호떡 장수 있는 쪽을 가리켜 댄다"라는 표현이나 "찬바람 드나드는 헐거운 그녀의 신발"과 "흙빛 진주"처럼 보이는 발, 머리 위에 "제각각 꽂힌 머리핀" 등의 묘사는 그녀 모자의 고단한 삶을 힘겹게 은유한다. 시장의 분주함과는 철저하게 격리되어 허공을 바라보면서 허공을 헤엄쳐 다니는 그녀는 그 웃음과 빛으로 자신만의 우주를 만들고 있을 뿐이다.

이 시편에서 화자는 굳이 가난한 이웃의 삶을 구체적으로 드러내지 않는다. 사람들의 눈길이 머물지 않는 모서리에 자신만의 고단한 우주를 만들고 있는 여인의 삶을 '풍선껌'이라는 꿈의 형식을 빌어 담담하게 소묘할 뿐이다. 그 우주가 진한 슬픔을 담고 있어서, 더욱 강렬하게 삶의 힘겨움과 안간힘으로 전해져 온다. 이처럼 심재숙 시편의 특장特長은, 대상에 대한 담담한 묘사와 그 안에 담긴 과장되지 않는 연민의 시선에 있다 할 것이다.

2

시간은 우리의 삶 속에서 하나의 '흐름'이라는 형상으

로 경험되고 이해되고 기억된다. 그러나 생각할 여지도 없이 시간의 '흐름'은 그 자체로 물리적 실재가 아니라 하나의 형상적 은유일 뿐이다. 시간이 강이나 시냇물처럼 '흐를' 수는 없지 않은가. 다만 우리가 시간이라는 개념을 의식 속에서 분절하고 재구성하여, 과거에서 현재로 또 현재에서 미래로 간단없이 '흐른다'는, 일종의 형상적 은유를 활용하고 있는 것이다. 하지만 우리는 시간을 실재가 아닌 이미지 혹은 사후적事後的 흔적을 통해 인지하고 경험할 수 있을 뿐이다. 그래서 시간은 사람마다 상이한 기억과 체험 속에서 재구성될 수밖에 없는 어떤 것이다. 그리고 그것을 기억하고 체험하는 층위도 다 다르게 마련이어서, 누구는 신의 섭리의 현장으로, 누구는 역사가 진행하는 방향으로, 누구는 세월의 흔적으로, 또 누구누구는 삶의 구석구석에 들러붙어 있는 혹독한 일상성의 표정으로 기억하고 경험하는 것이다.

근본적으로 서정시는 이 같은 '시간'에 대한 체험의 형식으로 씌어지고 읽힌다. 그것이 설사 미래적 전망을 형상화한 것이거나 시간 자체를 초월, 부정하는 이른바 '영원성'에 관한 시편이라 하더라도, 그것은 그 자체가 '시간' 자체에 대한 가치 판단일 수밖에 없다. 그런 만큼 서정시는 시간에 대한 경험과 기억의 재구성이라는 양식적 특성을 지닌다. 이처럼 서정시와 시간은 불가피한 짝이고, 분리 불가능한 서로의 원질原質이다. 심재숙 시편의 근간 또한 이러한 시간 의식을 향한다. 가장 먼저 눈에 띄는 것이 '기억'의 형식을 빌린 유년의 회상일 것이다.

송홧가루 빛 꽃다지 위로
배꽃이 진다
나도 따라 눕는다

꽃 속에
유년의 뜰이 보이고
마당에 모여선 동네 사람들이 보이고
연기가 피어오른다

바람에 묻어
요령 소리가 살아나고
만장의 펄럭거리는 소리가 살아나고
흐느끼는 곡소리도 살아난다

멀게 들리는 할머니의 쉰 목소리
점점 희미해지는 할머니의 손사랫짓
허공을 더듬던 나는
고무줄처럼 튕겨져 일어선다

배꽃 그늘이
언덕을 내려가고 있다
떠나가신 할머니처럼

—「배꽃 그늘에 누워」 전문

배꽃 지는 풍경 속으로 화자의 눈에 "유년의 뜰"이 보인다. 그 환幻의 시선 속으로 "마당에 모여선 동네 사람들"이 보인다. 연기가 피어오르고 요령 소리가 살아나고 만장이 펄럭이고 곡소리도 새삼 연쇄적으로 살아난다. 죽음을 둘러싼 이 같은 세목細目의 나열은, 우리가 감당해야 할 삶의 무게를 선명하게 각인한다. 마침내 "멀게 들리는 할머니의 쉰 목소리"와 "희미해지는 할머니의 손사랫짓"이 다가온다. 이때 화자는 "배꽃 그늘이/ 언덕을 내려가고" 있는 즈음의 풍경을 그 "떠나가신 할머니"의 기억에 실어 묘사하고 있는 것이다. 이처럼 돌아가신 할머니의 잔상殘像은 "우렁이 껍데기 같은 빈 집만 늘어"(「연못 있는 마을」)가고 "농가의 노인을 닮은 어둠이/ 길 위에 넘어졌다간 일어"(「저녁 길을 걸으며」)서는 시골의 풍경을 한층 적막하고 쓸쓸하게 부조浮彫한다. 또 하나의 '유년의 뜰'을 들여다보자.

햇볕 좋은 날
서성대는 건

아직 덜 성장했기 때문일까

햇볕 따라
슬며시 찾아가 보는
유년의 뜰

뒤틀린 광문 속
시렁 위에 얹힌
시간의 기억들
문 열리는 순간을 기다렸다가
덤벼들어 발목부터 잡는다

들녘에는
빛을 되쏟는 이파리들이
어머니 뒤를 따라다니며
앞니 빠진 녀석들처럼
깔깔댄다

장독대 항아리에는
어머니가 가두어 둔 빛이
발효되는 중이다

유난히, 햇볕 좋은 날

서성대는 건
아직도 덜 성숙했기 때문인가

—「별 좋은 날」 전문

시집의 표제작이기도 한 이 시편에는, 볕 좋은 날에 자신이 성장해 온 시간을 고요하게 들여다보는 화자의 맑은 마음이 담겨 있다. "햇볕 따라/ 슬며시 찾아가 보는/ 유년의 뜰"에는 "뒤틀린 광문 속/ 시렁 위에 얹힌/ 시간의 기억들"이 있다. 그 유년의 기억이야말로 지금의 화자의 삶을 가능케 한 원류源流이며 나아가 화자의 발목을 붙잡는 존재론적 구속의 지점이다. "장독대 항아리에는/ 어머니가 가두어 둔 빛"이 발효하고, "유난히, 햇볕 좋은 날" 이런 지난 기억만을 되새기고 있는 화자는 정작 자신을 "아직도 덜 성숙했기 때문"이 아닌가 하고 반문한다. 하지만 그것은 화자가 미성숙했기 때문이 아니라, 유년의 시간이야말로 가장 원초적인 시의 시간이라는 파스(O. Paz)의 말을 인용하지 않더라도, 가장 원형적이고 훼손되지 않은 기억이야말로 생을 살아가게 하는 힘이 되고 있기 때문이다.

3

이처럼 심재숙 시편에는 고요하고도 고단한 풍경에 대

한 세세한 묘사와 섬세한 기억을 통한 인생론적 성찰이 양축으로 존재한다. 그러한 역동적이고 맑은 힘을 모아 시인은, 이제 '시간의 깊이' 자체를 탐색하면서 우리들 생의 형식이 불가피하게 그러한 시간의 흐름 위에 놓여 있음을 노래한다. 천천히 소멸해 가는 시간의 풍경 속에서 시인은 삶의 비의秘義를 엿보고 그것을 차분하게 증언한다.

마을회관 앞
초록 은행나무 아래
두 노인
시간을 자르고 있다
빨간 보자기 두르고
의자에 앉은 할아버지
세월을 끌어다 앉히고,
가위 들고 그 세월을 잘라 내는 할머니
나이도 뭉텅뭉텅 질라 내고 있다
4백여 년 된 은행나무 이파리들
무어라 수런대고
두 노인도 두런두런 이야기 줄을 당긴다
은행나무 겉껍질 같은 손등을
가지런히 모은 할아버지

발 옆으로
시간 그늘 같은 머리카락이
쉰 소리를 내며 떨어진다
어느덧 가위는
허공을 베어 물고
빨간 보자기 둥둥둥
은행나무 위를 오른다
이발하고 굽은 등을 펴며
말쑥하게 일어선 여름산 앞에
냉수 한 사발 내미는 저녁나절

할 말이 있는 듯
노을도 오래 머문다.

—「시간 자르기」 전문

화자는 마을회관 앞 은행나무 아래서 "시간을 자르고" 있는 두 노인을 관찰한다. 부부로 보이는 그 두 노인의 풍경은, "빨간 보자기 두르고/ 의자에 앉은 할아버지"께 할머니가 이발을 해 드리는 모습을 담고 있다. 그것을 화자는 "세월을 끌어다 앉히고" 그 "세월을 잘라 내"고 있는 풍경이라고 적는다. 그 풍경을 바라보고 있던 "4백여 년 된 은행나무 이파리들"도 비로소 수런대기 시작한다. "시간 그늘 같은 머리카락"이 떨어지는 동안 "가위는/허공을 베어 물고" 할아버지가 목에 두른 빨간 보자기는 "둥둥둥 / 은행나무 위를 오른다". 그 저녁나절의 풍경 위로 "할 말이 있는 듯/ 노을도 오래" 머물고 있다.

여기서 '은행나무'의 수령樹齡이나 '할아버지/ 할머니/ 노을/ 저녁나절' 등의 시적 장치들은 하나같이 소멸을 향해 나아가는 시간의 흐름을 은유한다. 화자는 고요하게 일상의 한 풍경을 보여주는 노부부를 통해, 이러한 시간의 고요한 내면을 정갈하게 펼쳐 낸다. 아무런 시적 해석을 화자가 내놓지 않아도 시를 읽는 이들은 시간의 깊이와 거기서 생을 영위할 수밖에 없는 인간의 고독을 물씬 느끼게 된다.

할아버지 돌아가신 후,
우리는 나무 꼭대기에 2층집을 짓기 시작했다
등이 굽은 할머니처럼
야트막하게 엎드린
슬레이트 지붕의 아담한 집에는
할아버지 할머니 두 분이 살았다
그리고 울타리 옆으로는 키가 큰
미루나무 한 그루가 마치 솟대처럼
우리 집을 받쳐 주었다

아주 드문 일이었지만 멀리
손님 모습이라도 보이는 날엔
우리의 몸놀림이 바빠진다
얼마 전에는
느닷없이 손님이 자주 드나든다 했더니
할아버지가 그만 돌아가신 것이다
상여는 요령 소리 따라 산을 오르고
한참 뒤에는 요령 소리만 들려왔다
그 소리에 묻어온 바람이
할아버지 산소는 산마루 양지쪽이라고 했다
우리는 더 높은 가지로 올라가
할아버지 산소가 보이는 곳에
집을 짓기 시작한 것이다

—「까치집」 전문

이제 화자는 상상적인 '까치집'을 지음으로써 시간에 대한 자신의 성찰을 완성한다. 화자는 어린 시절로 돌아가 할아버지 돌아가신 후에 짓기 시작한 나무 꼭대기 2층 집을 상상한다. 슬레이트 지붕의 아담한 집에서 노부부가 살고 계셨는데, 아주 드물게 손님이 찾아오는 일이 있고, 그 집은 그저 고요하기만 한 집이었다. 그런데 얼마 전, 손님이 자주 드나든다 했더니 그만 할아버지가 돌아가셨

다는 것이다. 상여와 요령 소리가 산을 오르고 그 소리에 묻어온 바람이 산마루 양지쪽에 묻힌 할아버지의 소식을 물고 왔다. 그래서 화자는 "더 높은 가지로 올라가" 집을 지은 것이다. 양지쪽 할아버지의 산소가 잘 보이도록 말이다.

물론 여기서 상상적 화자로 설정된 이는 '까치'이다. 그래서 그가 지은 '까치집'은 물리적으로는 나뭇가지 위에 있고, 화자인 까치는 인간의 생사를 관조하기만 할 뿐 거기에 동참하지는 않는다. 이처럼 자연 사물이 시편을 가득 채우고 있는 경우는 "굽은 등으로/ 오월 햇살을/ 져 나르는/ 하얀 민들레"(「하얀 민들레」)나 "사방으로 번져 나가는/ 사월의 비명悲鳴"(「산벚꽃」) 등에서도 보인다. "발둑 휘듯 등이 굽은 할머니/ 영정 사진 속에서 웃고 있다"(「나무 우는 사월」)라는 표현에서도 생과 사를 넘어 우리들 삶이 존재한다는 것을 시인은 노래한다. 이처럼 심재숙 시편의 화자들은 오래되고 낡고 소멸을 향해 나아가는 풍경들을 관조하면서 시간의 깊이를 드러내고 있다.

4

다시 한번 강조하지만, 서정시는 시간 자체를 다루는 예술이다. 우리가 살핀 심재숙 시편들은 그러한 시간에 대한 시적 경험으로서의 기억과 성찰을 노래한 것들이다. 결국 시간의 깊이를 드러내는 것이 그의 서정의 원리가 된 셈이다. 시간은 이처럼 인간을 근원으로 그리고 궁극의 시적 원리로 데려다 주는 것임을 우리는 다시 한번 경험한 셈이다. 심재숙 첫 시집 『별 좋은 날』은 그 "겹겹이 쌓인 세월들"(「헌책방」)이 가지는 '흐름'의 은유 위에, 우리의 상상력과 경험을 비끄러매어, 우리로 하여금 이 고독하고 쓸쓸한 삶의 오솔길을 걷게 하고 있다. 그 상상력과 경험의 깊이가 아득하다.